Enciclopedia de las culturas del Caribe 1

Venezuela. Atlas Etnográfico del Estado Falcón

José Millet , autor-editor

Ediciones Fundación Casa del Caribe. Los Teques, Venezuela, septiembre 15, 2018.

Enciclopedia de las culturas del Caribe. Venezuela. Atlas Etnográfico del Estado Falcón

Ediciones Fundación Casa del Caribe, Registro Público del Municipio Miranda, Estado Falcón, con el Número 34, folio 145, del 19 de agosto del 2010.

ISBN: 9781723734489

IN MEMORIAM

A mis hermanos Jesús Rafael Robayna Jaramillo; Francisco Emiro Durán Márquez y Manuel Alejandro Ruiz Vila

Atlas Etnográfico del Estado Falcón... de Venezuela y del Caribe **(1)**: construyendo "el camino del saber" (2) con los hacedores de su historia propia.

Por José Millet (3)

I.- Instituciones precursoras y actuantes en nuestra experiencia de mis últimos 35 años como investigador, escritor y etnólogo.-

1.1- La Casa del Caribe: una explicación necesaria

Sin nadie proponérselo ni aparecer en ningún plan, la presencia en la ciudad de Coro (4) del sociólogo Manuel Alejandro Ruiz Vila (Camaguey, 1942-Santiago de Cuba, 2018) a principios del año 2005, marcaría un punto de cambio radical en el Instituto de Cultura del Estado Falcón **(INCUDEF)** (5), no sólo en lo que a estructura organizativa se refiere, sino en la dinámica de su funcionamiento. Podríamos hablar de un antes y de un después en ambos aspectos, pero siempre tomando en cuenta lo que se había hecho en el período anterior inmediato, en el cual me tocó vivir y participar en algunos proyectos, como el de la legalización de la producción artesanal ancestral de la planta **agave trelease, cuya bebida** *cocuy* que ahora degustamos gracias a que se alcanzó el objetivo de s legalización y hoy no es un mero producto artesanal, sino uno de los bienes simbólicos más altos de la cultura de Venezuela.

En marzo de aquel año 2005, su colega y hermano, mi persona, fue juramentada como jefe del Centro de Investigaciones Socioculturales de esa institución adscripta a la Gobernación del Estado Falcón y se abriría con ese acto la posibilidad de que una entidad vista por muchos hasta entonces como "agencia de festejos" y de empleo comenzara a realizar lo que no realizan en Venezuela ninguno de los entes de la administración municipal ni estatal encargados de los "servicios cultuales": dedicarse a investigar su realidad circundante, a los hacedores de cultura y a las diversas expresiones de su espiritualidad en la adquisición de conocimientos y la recuperación de saberes que se encontraban en el entorno…sin haber recibido antes el tratamiento debido.

El sociólogo Manuel Alejandro Ruiz Vila y yo habíamos trabajado en la Casa del Caribe (6) desde su fundación en 1982 y nos habíamos aplicado con otros estudiosos en proyectos de estudios de pequeñas comunidades de alto valor simbólico para nuestro país de origen, como la del barrio de Los Hoyos (7) y el asentamiento cubano-haitiano de Pilón del Cauto (8), que ahora servirían como elementos referenciales para estudiar el barrio La Guinea, el más representativo de la presencia africana, mestiza y caribeña de la ciudad de Coro y asentamientos montañosos próximos a la capital del

Estado, como el de Curimagua (9). Así lo explicamos en el proyecto que ambos experimentados investigadores elaboramos juntos en Santiago de Cuba, cuyo bosquejo aparece en la introducción de nuestro libro **La Guinea, barrio afrocaribeño de Coro (10)**, fruto de estos empeños que no llegaríamos a ejecutar juntos, por razones que escapan a la presente sistematización de una experiencia con implicaciones que deberán ser tomadas en cuenta para la historia de las dos instituciones y de sus respectivos países implicados en ellas. Este libro será el primero en ser producido por un equipo de investigadores cubanos y venezolanos, estos últimos que se estrenaban como tales, bajo el imperativo de demostrar a algunos miembros del propio INCUDEF que se podía hacer el trabajo socio-cultural y aun político que se había realizado hasta ese momento y, a su vez, estudiar la historia, la cultura y la identidad del pueblo coriano con los propios integrantes de la institución y con miembros de algunas de las comunidades que habitualmente la institución había atendido, viéndola desde lejos, como portadoras de tradiciones artísticas y espirituales que nunca se habían estudiado como fin en sí mismo.

1.2.- Encuentro "casual" en la Plaza Bolívar de Coro con el cronista comunitario Lic. Mario "Emerio" Aular Chirinos.

Él lo ha contado repetidas veces: nuestro encuentro "casual" cuando yo atravesaba la Plaza Bolívar de Coro cambió el rumbo de las reivindicaciones que desde hacia mucho tiempo el había encaminado en nombre su comunidad: la del barrio La Guinea, cuyo nombre le había sido eliminado del catastro local y, con esa eliminación, borrado parte de su identidad. Al final del libro cuyo titulo acabo de mencionar, se colocó el decreto a la firma del alcalde del Municipio Miranda, líder político por su sobrada honestidad y luchador social, el ingeniero Rafael Pineda Piña, que proporcionaba los fundamentos no sólo para darle respuesta contundente al barrio, sino para declararlo Patrimonio Histórico y cultural del Municipio Miranda. Esa investigación fue posible gracias a varios vecinos del barrio y, en particular, de Rosendo "Chendo" Chirinos, Chico y ese cronista "casual" con quien me topé en mis constantes andanzas por las calles de esa ciudad que es para mí encarnación de los desvelos de muchas generaciones de venezolanos: la Patrimonio de la Humanidad por el barro ancestral con que fueron construidas sus casas de vivienda, la ciudad de Coro, donde he vividos todos estos años y de la cual fui secuestrado a vivir en la otra Miranda, la del opositor Capriles Radonsky…

Ese decreto que reivindicó al barrio La Guinea lo elaboramos la hoy doctorante e historiadora, profesora Nereyda Ferrer de Bravo, a la sazón directora del Archivo Histórico de la alcaldía del municipio Miranda y mi persona; esos estudios se hicieron mediante un equipo conformado por el TSU Enzio Provenzano Clark, los hoy licenciados Oscar Lázaro y Pedro Eduardo Concepción y el bachiller e investigador Luis Manuel Cazorla. Participaron también otros compañeros cuyos nombres se me escapan, entre ellos un pasante que se incorporó con nosotros como uno de los investigadores más destacados de nuestro equipo de estudio: Orlando Moreno. Pero debemos reconocer que fue decisiva la incorporación del investigador Mario Aular Chirinos en todo el proceso que culminó con la presentación del libro en el seno de la comunidad, cuyas puertas él me abrió y que daría paso a que nos propusiéramos empeños de mayor alcance, en otros territorios del Estado y en su vinculación con pueblos hermanos que nos circundan, como el de Curazao, empeños que iniciamos con buen pie mediante intercambio de delegaciones de esta isla vecina y del barrio, eventos internacionales, etc., organizados en ambos países, pero que todavía claman por realizarse plenamente. Entre Mario y yo nació una amistad que perdurará más allá de nuestras vidas y nació una proyección entre él y yo con los vecinos de la comunidad que marcaría la pauta de lo que debería ser el Atlas: una obra construida no desde las oficinas ni por investigadores profesionales, sino en la calle y con el concurso de los miembros de las comunidades cuyas tradiciones culturales, artísticas, deportivas y sociales deberían ser registradas, mostradas y explicadas en la obra y mediante otros recursos y medios de diversa naturaleza, como series de programas televisivos, audiovisuales , blogs, web site y en soportes de CD, DVD, etc.

Luego de elaborar planes de estudios que resultan difusos, el arranque del Centro de Investigaciones se concretó en la formación de investigadores a partir del personal del que disponía el INCUDEF, enquistado en viejas tradiciones de oficina, informes y activismo político, de la organización de eventos y de la actuación de grupos que se formaron bajo su resguardo y viven a la sombra de la propia institución, que surge con nuevos empeños y bríos a partir del mandato del gobernador del Estado Falcón, el licenciado Jesús Montilla Aponte. Como líder político, ideólogo e intelectual, el gobernador apoya todas las iniciativas propuestas por el organizador y profesor Humberto Clark, designado como primer director del INCUDEF en esta nueva época de acomodos y recuentos que en el organigrama que Humberto le propuso estuvo incluido un departamento de investigaciones que, en algún momento, él me propuso que yo dirigiera, pero que no llegó a concretarse. El hecho es que a Humberto Clark lo sucedió el poeta y comunicador social Ángel Simón Petit Arévalo, quien repasó lo hecho en el mandado anterior del INCUDEF y formuló nuevas propuestas al mismo Gobernador Montilla, entre las cuales está la creación de un Centro de investigaciones, la que resulta coherente con la visión y del quehacer distintivo del ente encargado de estos servicios culturales antes referidos en la región de la que Montilla es autoridad gubernamental principal.

De ahí que fuese la Gobernación del Estado Falcón, en definitiva a través de su presupuesto del Estado Falcón, el productor de este primer libro y el propio Montilla quien no sólo escribiera su prólogo, sino quien personalmente lo presentó en el Teatro Miranda, en la ciudad de Coro. Creo que, con este acto, el Gobernador se pronunciaba por la necesidad de dar pasos concretos en la apertura de un área que nunca había existido en uno de los entes más importantes de su accionar director con las comunidades: el que atendía sus tradiciones artísticas y culturales, en una región donde ellas siempre habían tenido una relevancia y se destacaron en comparación con las de otras regiones del país. Y sería, igualmente, coherente con su actitud cuando aparecieron otras de las publicaciones producidas como frutos de nuestros estudios.

1.3.- La UNEFM a través de su Centro de Investigaciones Arqueológicas, Antropológicas y Paleontológicas (CIAAP) y de su jefe, mi amigo y Maestro Francisco Emiro Durán Márquez.

Tardó cerca de un año para que me fuera asignada oficina propia, dos asistentes administrativas, una secretaria y luego dos "promotores culturales" para que yo los involucrara como personal dedicado tiempo completo a la investigación, según mi propuesta fundamentada desde la exposición escrita de los primeros planes de trabajo. Como marca la dinámica del país, todo está "en cambio" y el INCUDEF cayó en esa dinámica de la cual no ha salido hasta el momento en que escribo esta reseña: los nombramientos y demociones se sucedían en ocasiones sin anunciarse y la correlación de poderes internos se movía de uno a otro de sus departamentos favoreciendo mediante la asignación de recursos y medios o debilitándolos por su carencia en sus empeños renovadores, proyectos renovadores que eran atacados por "jefecitos" desde posiciones enquistadas con nuevos ropajes y rostros, en ocasiones oportunistas porque se aferraban a cargos que nunca habían tenido y cuya honestidad luego puse en duda, por no expresar de frente sus discrepancias. A pesar de mis 37 años de trabajo en varias instituciones de la administración pública, tal proceder no llegaba a percibirla o permanecía ajenos a ellas, debido a que por muy hostil que hubiesen ser los medios en que me había desempeñado, nunca choqué con ambivalencias y reacciones de esta naturaleza. Debí adaptarme al flujo y reflujo de estas mareas internas o perecer antes de poner en acción y realizar al menos una de las propuestas con que había soñado cuando recorrimos el territorio del Estado con mi amigo y colega Manuel Ruiz Vila, con cuya institución que él representa se firmó un convenio de trabajo conjunto, igual que luego se firmará con el Centro de Investigaciones Arqueológicas, Antropológicas y Paleontológicas (CIAAP), de la Universidad Nacional Experimental Francisco de Miranda (UNEFM), con cuyo director, mi amigo, el Maestro Francisco Emiro Durán Márquez, trabajamos en la concreción de un proyecto en el cual centraríamos todos nuestros esfuerzos: en lo que denominamos el **Atlas Etnográfico del Estado Falcón**.

1.4.- Jesús Rafael Robayna Jaramillo "In Memoriam", director del Instituto Cubano de Antropología (ICAN)

En la realización de esta obra fue muy importante la presencia del Máster Sc. Jesús Rafael Robayna Jaramillo, director del Instituto Cubano de Antropología (ICAN) y mi discípulo, según lo declarado por él mismo, dado que nos conocimos desde próximo su regreso a Cuba de la Unión Soviética, donde había hecho estudios que le permitieron que su institución participara activamente en la elaboración del **Atlas Etnográfico de Cuba**, a cuya elaboración yo me vinculé, después que me gradué en la Universidad de Oriente, en 1975, y, por tanto, desde antes de la fundación de la Casa del Caribe. En una sociedad capitalista "desmemoriada" como la venezolana, vale más que el oro una imagen pública avalada internacionalmente y tanto la UNEFM, en la persona de Francisco Emiro Durán, como el ICAN, en la de Robayna, contribuyeron a hacer creíble e imparable nuestro obra **Atlas Etnográfico del Estado Falcón**, que he declarado es *única* en la historia de los estudios etno-sociológicos de Venezuela por cuyo alcance y posicionamiento del conjunto de los entes implicados en su realización, dimensión, colectiva no apreciaron como se debía quienes contribuyeron a que naciera, echara a andar y cobrara la vida que hoy tiene en Venezuela y más allá de sus fronteras nacionales, gracias a que fuimos alojado cada uno de sus resultados la red de redes, en internet.

II.- Hacia la construcción de la historia propia: el poder de la comunidad

2.1 Fundamentos de la excepcional originalidad de nuestro Atlas

He declarado en varios escenarios y ante personalidades representativas de diversos sectores, además de subirlo a la web, que nuestro **Atlas Etnográfico**… es una obra única en su género, en su concepto de base de datos primarios que permiten elaboraciones infinitas con producciones independientes por cada "tema" o asunto elegido. Así lo pudimos demostrar cuando trabajamos la reconstrucción de la historia de la comunidad del barrio La Guinea, el más emblemático de la ciudad de Coro, en la cual venían trabajando otros investigadores por separado, liderados sin previo acuerdo y sin ponerse a elaborarla conjuntamente por el inquieto e hiperactivo Mario Aular Chirinos. De ahí que hubiera resultado relativamente fácil elaborar los fundamentos desde el punto de vista de la Historia y de la vida cultural a la historiadora Nereyda Ferrer y a mí para proponerle al alcalde de Miranda su declaración patrimonial, como más arriba hemos referido. Pero la obra del **Atlas**… resulta excepcional, en primer lugar, por su original enfoque de realización conjunta con los hacedores culturales-- individuales y colectivos--, al haber tomado en cuenta a los integrantes de las comunidades como sujetos activos creadores de sus obras y capaces de recuperar su memoria colectiva como comunidad con sus propias manos y desde el quehacer comunitario.

En efecto, las personas hacedoras de bienes artísticos y forjadoras de tradiciones culturales no fueron convertidos por nosotros en mero "objeto de estudio", del modo y por los medios en que los individuaos y colectivos lo fueron-- como los grupos y comunidades étnicas o pueblos para la Etnología y la antropología euro-occidental y americana--, sino todo lo contrario, se convirtieron en sujetos activos y participativos que intervinieron en todo el proceso de elaboración del **Atlas**, comenzando por el rescate de su propia historia como comunidad. Lo que acabamos de afirmar lo ejemplificamos, excepcionalmente, por cada una de las publicaciones de Mario Aular, aparecidas semanalmente en la prensa plana de la ciudad y por otros medios, como el blog curazaitohoy.blogspot.com. Es digno de tomar en cuenta todo lo que ha hecho este investigador nato con y en el barrio Curazaito, donde vive con su familia nuclear, otros hermanos y amigos que resultan entrañables, tanto para él como para mi persona. Con su característica modestia, prefiere que no le llamemos estudios ni siquiera investigadoro, sino como él se autocalifica: cronista comunitario.

2.1.1 Visión del "mundo académico" Occidental y la nueva visión y misión del quehacer científico-investigativo.

Resulta motivo de alegría estar en condiciones de "sistematizar" esta experiencia, pero lo que acabamos de afirmar tiene un valor revolucionario por cuanto se dirige a cuestionar la relación del investigador con sus "objetos "de estudio, que no son otras cosa que seres humanos. Invertimos esa relación: los creadores de cultura se convierten en los sujetos activos que participan en el proceso de reconstrucción de sus saberes y de la historia de las comunidades donde nacieron, crecieron y alcanzaron perfil propio. En capítulo aparte nos referiremos a nuestra experiencia en la Casa del Caribe, con sede en la ciudad de Santiago de Cuba, institución que fundamos en 1982 y desde la que hicimos un trabajo sistemático de indagación en algunos de sus barrios que nunca antes habían aparecido en las "historias oficiales" con el debido reconocimiento. Entre esos barrios, durante varios lustros estudiamos, en primer término, al barrio de Los Hoyos, para elaborar para mí el libro más importante de cuantos he escrito: **Barrio, comparsa y carnaval santiaguero**, que obtuvo premio en investigación socio-cultural otorgado por el Ministerio de Cultura y que fue publicado por la Universidad Autónoma de Santo Domingo (UASD). En la obra, tuvimos el cuidado de editar los testimonios de sus vecinos que aparecen en el libro, los aportan sus historias de vida y cuentan la existencia del barrio en lo que respecta a esas tradiciones culturales que le han contribuido a crearle una identidad, la que ha propiciado distinguirlo entre el resto de los pueblos de la Isla caribeña, donde nacimos Vila y yo.

2.2 Dónde comenzó en Venezuela mi trabajo comunitario.

Mas, en Venezuela, mi experiencia en el trabajo comunitario comenzó en Guarenas, donde, a principios de la década de los 90, llegamos con un equipo integrado por el investigador Ricardo Alexis Alarcón Fajardo, el orihaté Héctor Moré y mi persona para impartir una serie de talleres con la temática de las religiones afrocubanas y el espiritismo en sus diversas variantes cubanas. Este evento académico nos permitió ponernos en contacto con muchas personas del pueblo llano con quienes hemos mantenido una relación de amistad que se prolonga hasta el presente. Los resultados positivos nos permitieron repetirla en los años siguientes en la misma ciudad y llevarla a Caracas, ahora con la presencia del orihaté y muertero Vicente Portuondo Martín (Santiago de Cuba, 1949-+2003), quien se desempeñaba para entonces como asesor de la Casa del Caribe para asuntos espirituales. Aprovechando nuestras relaciones con la alcaldía de Caracas que estaba bajo el mando del profesor Aristóbulo Isturiz, trajimos a la capital una cuantiosa delegación en un proyecto que denominamos "El templo de los orishas", en la que incluimos al famoso omó-añá y luthier Milián Galí Riverí y músicos tocadores de los tambores batá, los primeros "con fundamento" o *añá*, introducidos en la Ciudad Héroe de la República de Cuba. Para entonces, habíamos sembrado semillas que veríamos convertirse en árboles frondosos tiempos después, en lugares del país que nunca imaginamos.

Antes de los eventos que fuimos pioneros en poner en pràctica que acabamos de referir, existían investigadores competentes que habían escrito obras que son referencias nacionales y más allá de Venezuela, como las de la investigadora austríaca Angelina Pollack-Eltz; pero muy pocos habían tenido el privilegio de ponerse en contacto con el universo de una religión que el equipo de estudio que dirigí en la Casa del Caribe durante más de 20 años: la denominada Regla Muertera o Muerterismo. Echaban a andar "motores" que han permitido a nuestra "nave" emprender vuelo y seguir en Venezuela hasta hoy. Habrá que volver sobre el tema del impacto que todos estos eventos han tenido en la cultura venezolana, focalizados en Caracas como representación del país y cómo se reflejó también en la presencia de varios de estos amigos cuando han visitado la ciudad de Santiago de Cuba.

2.4 El Centro de cultura comunitaria Guachirongo: su experiencia de más de un cuarto de siglo.

En la ciudad de Barquisimeto, trabajé ad honorem en el Centro de cultura comunitaria "Guachirongo", que fundó y dirige mi amigo, el poeta Wilmer Peraza. Con él y parte de un exiguo equipo de colaboradores --y hablamos de antes de 1998--, visitábamos los barrios, les llevábamos opciones artísticas, les grabábamos videos y luego de editarlos, se los exhibíamos a esos mismos vecinos para que opinaran acerca de nuestras presentaciones. Algo parecido hicieron en Coro los miembros del colectivo independiente Aguaelluvia, integrado por el videoasta Jonathan Bautista, su hermano, su actual compañera Noly, el artista Joan Manuel Espino, entre otros. Fue en Guachirongo donde comencé mi trabajo de organización del archivo que tenía en una oficina el hermano de Wilmer, con el cual comenzamos a elaborar el primer libro acerca de la vida y la obra de del cantautor venezolano Alí Primera, de quien—entre no menos importantes cuestiones--, aprendí de los difícil que resultaba este tipo de labor con las comunidades, dificultad multiplicada por una cifra exponencial porque hay que hacerla en cortafuego de todas las fuerzas que se oponen en una sociedad capitalista a que con esta labor se obtengan los objetivos propuestos.

Y fue allí en Guachirongo y en la sede de la Asociación Canción Bolivariana "Alí Primera", mientras yo escribía el primer libro sobre el cantautor venezolano, donde me contactó el entonces diputado a la Asamblea Nacional, el periodista y músico Henry Baldayo, quien me propuso ponerme en contacto con su compadre Simón Petit, a la sazón designado como director del INCUDEF, con quien hablé por teléfono y quien, inmediatamente, me propuso trabajar en la creación de un departamento de investigaciones, cargo para el cual necesitaba le enviara mi currículum vitae. Conectamos este relato con mi nombramiento y juramentación que referimos en el inicio del presente informe. Una involuntaria prolongada estancia en Cuba, me hizo recomenzar mi propuesta el 4 de noviembre del 2005 en que me fue permitido volver a pisar tierra de Venezuela.

2.5 Inicio de mi trabajo en el INCUDEF

Fue ya desde el INCUDEF, que mi trabajo comunitario lo continué en Coro, comenzándolo, concretamente, en el barrio La Guinea, donde se haría permanente y sistemática nuestra presencia al punto de suscitar la suspicacia de algunos de mis compañeros de labor institucional, que me reclamaban si todo el esfuerzo se concentraría en un barrio... Sobradas razones me guiaban a actuar así, entre otras, porque quería establecer allí una "cabeza de playa" que me permitiera monitorear el pensar y el sentir de la población marginal para poder opinar con propiedad al tener el pulso de la actualidad en casi todos los ámbitos de la vida en sociedad. Mi larga experiencia como investigador, me indicaba que deberíamos proceder del mismo modo en que mis colegas y hermanos Rafael Brea López, Manuel Alejandro Vila y yo lo habíamos hecho durante cerca de tres lustros con el barrio de Los Hoyos, de la ciudad Santiago de Cuba, desde donde procedíamos.

El barrio La Guinea resultaba un barrio con demasiado peculiaridades como para no percatarse de que disponíamos de un material de alto valor simbólico: en lo físico, está unido con el barrio limítrofe de Curazaito y ambos están vinculados por historia común con otras comunidades de la Sierra Coriana y con pueblos vecinos del Caribe, en particular con Curazao, cuyas luces se ven desde la Península de Paraguaná y sus destellos vibran en el corazón de muchos vecinos de Coro, incluida el de la exigua comunidad de vecinos descendientes de los judíos sefarditas que emigraron de Curazao a Coro, donde muchas de cuyas familias llevan no sólo apellidos de origen curazoleño, sino que poseen plena conciencia de su pertenencia a esa "comunidad" tan especial y no tomada en cuenta durante tantos años. El hecho de poseer el cementerio judío más antiguo de Suramérica, me llevó a comenzar estudio de la presencia judía allí, motivación reforzada por e mi amistad con el historiador Luis Dovale del Prado, vinculado a la familia de mi esposa venezolana, donde existen lazos profundos con la *corianidad* por ser mi suegro un *coriano rajao* a quien todo lo su ciudad natal le apasionaba, mi suegra de la sierra de Cabure y uno de sus primos, el desaparecido Porfirio Garcés*, una personalidad de la cultura de allí que conservaba toda aquella herencia que distingue la identidad del coriano en el concierto de las identidades regionales de toda Venezuela.

2.6 Hacia la construcción del saber propio de los hacedores de su historia: Las turas.

Situados en el escenario privilegiado del INCUDEF, a su director le saltó la idea de desarrollar una iniciativa que denominó **Tomas culturales**, consistente en desplegarnos en las comunidades portadoras de tradiciones de la región y llevarles una propuesta "escénica" en que se manifestara su potencial creativo en todas sus expresiones y ámbitos de la vida social. Días previos a la toma, mi equipo de estudio se encargaría de visitar la comunidad en misión de avanzada junto con el equipo de la fundación Centro de audiovisuales, con el objetivo de "dibujar" sus características y proponer luego a algunas de las acciones que se pondrían en práctica en el desarrollo de la jornada, que inicialmente se ejecutaba durante dos días, pero que, al final, se redujo a uno solo por razones financieras y ahorro de recursos. En una de las paredes frente a la casa de Francisco "Chico" Rojas, se conservaba una pintura hecha por nosotros donde se daba testimonio que en ese barrio se realizó la primera toma cultural, en del año 2007. Puedo decir con propiedad, que a partir de esa fecha echó a andar nuestro **Atlas**, todavía sin una definición conceptual ni ideas de su alcance claras…, pero lo que sí estaba claro para mí era que la dirección del trabajo comunitario debería ser su soporte esencial. El encontrar en este barrio la conciencia meridiana de su identidad sustentada en que la historia permanecía viva en sus vecinos y luchaban por reconstruirla y hacerla cada vez más actuante, me dio claves para comenzar a acercarme a lo que debería ser la obra en que concentraríamos todos nuestros esfuerzos en el ámbito científico-investigativo. Y así lo hicimos, desde entonces y hasta el presente, para gloria del trabajo realizado en nuestra intensa, prolongada y enorgullecedora vida profesional desarrollada en la Casa del Caribe, desde 1982 hasta el año 2005.

Trataba de articular con el resto de los departamentos del INCUDEF, que actuaban con la lógica capitalista de "cada quien en lo suyo". Lo logré con el Departamento de Arte, durante el mandato de la profesora Nora Lobo y con la fundación Centro Audiovisual, apoyando su justo reclamo de disponer de medios y recursos que le aseguraran un desempeño más eficiente. No dejé a un lado mi interés por estudiar el tema judío, su relación Curazao-Coro ni el de María Lionza, iniciado en Caracas y continuado en Barquisimeto*. Mis permanentes paseos por la ciudad me llevaron a contactar varias botánicas de la ciudad y en una de ellas encontré su pertenencia a una casa-templo de María Lionza enclavada en el caso histórico de la ciudad capital y le propuse a nuestro Departamento de Arte elaborar una exposición de arte étnico, para romper con la seguidilla de que la mayoría de las exposiciones se centraban en el mundo de los artistas plásticos, más adelante ampliada a los artesanos. Y así surgió la primera exposición enfocada a resaltar uno de lo "objetos" emblemáticos de Coro: el tambor coriano, en toda su amplitud y diversidad de expresiones morfológicas a lo lardo y ancho del Estado Falcón.

Pero una de las salas de esta exposición étnica impactó al público por varios motivos, entre los cuales estaba contar con un altar de lo que algunos escritores de nominan "el culto a María Lionza", espacio elaborado por los propios maralionceros, quienes se encargaron además de animarlo con sus actuaciones. Por supuesto, ese calificativo fue el mismo que le colocaron en Cuba a los sistemas de pensamiento religioso de fuerte raíz procedente de África, a los que se calificaron de "cultos afrocubanos", con evidente sesgo colonialista para disminuirlos y descalificarlos ante las religiones universales, encabezadas por la católica. Para la institución INCUDEF, el impacto de esta exposición deberá ser analizado por separado, pero su reflejo en la prensa local y regional fue realmente impresionante.

2.7 Arranque efectivo del **Atlas**…

Durante el mandato al frente del INCUDEF del profesor Humberto Clark, no sólo apoyamos a las comunidades productoras artesanales del cocuy lideradas por la comunidad de Pecaya, afincadas durante muchos años en su demanda de legalizar la producción artesanal amerindia de la proverbial bebida, sino que dictamos talleres a partir de una solicitud del Conac y uno de estos talleres lo dictamos en la comunidad de San Pedro Mapararí. Pero mi primer contacto en territorio coriano con los tureros se produjo en una conferencia organizada por la UNEFM que dicté en el teatro del INCUDEF, cuando su sede estaba localizada en locales del antiguo Mercado de Coro, en el corazón de la ciudad y allí, en presencia de los tureros de Mapararí, expresé parte de lo pensaba y pienso actualmente en torno a su tradicional "baile de las Turas". Pasaron varios años y mi propuesta sigue en pie, a la espera de que se concrete el ansiado expediente que le otorgue reconcomiendo nacional e internacional a la expresión de un modo de vida raigalmente asentada en los poderes de la tierra, sus fuentes nutricias, el agua y, en definitiva, la relación armoniosa del Hombre con la Naturales y el medio ambiente de la que son un digno ejemplo nuestros pueblos originarios.

Sin embargo, en la nueva fecha de la que estoy hablando al referirme a los talleres que impartí por solicitud del CONAC, mi contacto con los tureros se realizó en su medio natural, donde habían nacido y crecido, además de ser el espacio original donde habían mantenido sus tradiciones ancestrales de origen ayamàn "contra viento y marea", en silencio, pero con una voluntad de resistencia que aquí es objeto de respeto y homenaje, porque de no haber sido así se hubiera perdido una tradición que, desde que pisé pro primera vez el suelo de la ciudad de Coro y luego, ya en el INCUDEF, en innumerables ocasiones, he propuesto que se organice el expediente exigido por la UNESCO para su declaración como Patrimonio de la Humanidad. Reconozco, autocríticamente, que nuestro error, en este caso, ha sido de inmadurez política: no haber empoderado a las comunidades tureras lo suficiente como para que ellas mismas asumieran esta tarea, la que estoy seguro, para el instante en que estoy escribiendo las presentes letras, ya se hubiera cumplido cabal y puntualmente. Mas, tanto en el conjunto de acciones emprendidas para la legalización del cocuy durante el mandato de Humberto Clark y la construcción en el asentamiento de San Pedro de un monumental local para le sirviera de sede y de "museo", como en todo lo emprendido para favorecer la dignificación de la tradición ancestral de Las Turas como lo hemos hecho durante el mandato de Simón Petit, nos estábamos conectando con el proceso de la reivindicación de los pueblos originarios de Venezuela, consagrada por la Constitución de la República Bolivariana en varios de sus artículos.

2.7.1 La primera y la única publicación en soporte impreso del **Atlas**

Honra saber que la primera publicación en soporte impreso haya estado consagrada a Las Turas: era un acto de justicia, como lo fue todo el esfuerzo hecho para que se legalizara la producción artesanal de la bebida alcohólica lograda a base de esa especie de planta que, en términos científicos, se denomina *agave trelease cocuy*, desde una institución como INCUDEF, vista con suspicacia, al punto de considerarla incapaz de sustentar científicamente lo que los humildes productores de cocuy reclamaban con propiedad y sobrados fundamentos. Según copia de la documentación que él conservó y me donó, el comunicador social y músico Rafael "Fayito" García cubrió cada una de las incidencias del proceso que concluiría, años después, con su legalización y es memorable la exposición que el promotor y músico Fernando Jiménez y mi persona, como directivos del INCUDEF; organizamos en el local de la Casa de los Arcayas, perteneciente a la UNEFM, para promover la firma del decreto que elaboré solicitando al pueblo venezolano se sumara a este proceso de reclamación de los humildes productores artesanales de Pecaya. Fue abrumadora la respuesta de la sociedad venezolana, a favor de esta iniciativa.

Nunca se había logrado una concertación interinstitucional como la que logramos entonces, ni nunca se había logrado atraer al pueblo de Coro, del Estado y de toda Venezuela a solidarizarse con unos productores artesanales que estuvieron presentes en el evento, pautado para realizarse en una semana y que no sólo se extendió por el doble del tiempo. Tal fue el impacto, que llevamos la exposición a la Casa de las Letras Andrés Bello e hicimos una toma de la Asamblea Nacional, a cuyos diputados entregamos el original de la solicitud con las firmas recaudadas que respaldaban tan importante petición. Como tendremos ocasión de demostrar, cada una de estas acciones y todas en su conjunto, tienen un fondo común: la exaltación de la función y el papel excepcionales de la espiritualidad de los pueblos originarios en la formación de la identidad nacional y, en definitiva, de la reafirmación de la nación venezolana. Si no me equivoco, nunca un ente público dedicado a los servicios culturales en Venezuela, había logrado tamaña hazaña.

Esta publicación impresa con el tema de Las Turas la produjo en entonces denominado Centro de la Diversidad Cultural y debo reconocer que quien lo presidía en el Estafo Falcón, la arquitecta Mercedes, tuvo el acierto de apoyarme con este acto que ha pasado ya a la historia de Venezuela, entre otras muchas razones, porque en el impreso son los humildes tureros de San Pedro y de Mapararí quienes ofrecen sus rostros y sus voces para contar su historia. En el Teatro Armonía donde se efectuó el bautizo del folleto el martes 20 de febrero del 2009, estuvieron presentes los humildes labriegos de San Pedro de Mapararí, encabezados por su shamàn y capitán de Las Turas, el inquieto Rodolfo Garcés, quien se mostró pletórico de felicidad porque por primera vez la tradición que él representaba brillaba ante todos como merecido reconocimiento a su trascendental importancia. Compartieron sus sentimientos los acompañantes de San Pedro Ángel Colina y José Castillo, baluartes de la comunidad con quienes hemos mantenido una relación que va más allá de la pura amistad. Aunque la gobernadora Stella Lugo de Montilla nunca hizo acto de presencia en el acto como estaba pautado oficialmente en el programa, el registro fotográfico tomado nos hace vibrar de emoción: habíamos cumplido uno de los deberes que debe enorgullecer a cada uno de los miembros del INCUDEF, sin distinción de colores políticos, pertenezcan o no a las promociones de trabajadores de las administraciones del INCUDEF de "la IV" y de la presente. Para ese acto, me tomé la iniciativa de invitar a alguien muy especial, cuya imagen en su conuco aparece en esta obra que estamos comentando en este apartado: a la conuquera y Reina de Las Turas Críspula Vázquez y a su inteligente y modesto hijo Cheito, a cuya comunidad turera y casa-templo marialionzera dedicaremos, más adelante, una sección en la presente sistematización de nuestra experiencia.

2.7.2 San Pedro de Mapararí

Debo confesar el impacto que produjo en mi punto de vista como investigador la lectura del folleto intitulado **Wopukarû jatumi wataawai: El camino hacia nuestro propio saber**, del Dr. José Ángel Quintero Weir. Son muy iluminadoras sus ideas y conceptos manejados en su folleto para desmontar la metodología de la investigación social de la Europa judeo-cristiana a la que él se refiere en contraposición con la cosmovisión, el mundo de la realidad, la praxis cotidiana, los conceptos e ideas de nuestros pueblos originarios de América que han estado y están a flor de piel tanto en la Venezuela pasada como en la actual… sin que se les pare bola, sino como mero objeto "exótico" del trabajo de los entes públicos dedicados a la cultura. Su conversión en invisible, según he podido apreciarlo durante todos estos años, sigue siendo tan dramático y trágico como la desidia de quienes no han visto las masacres cometidas con los pueblos amerindios en otras latitudes, como en Brasil, en Chile y, en menor medida, en otros países del continente y yo añadiría, también, a la de los Estados Unidos Unidos de Norte América y Canadá. Pero sus novedosos planteamientos tienen fecha 2001 y vean a continuación lo que escribí en el web site del Atlas Etnográfico de Falcón, en la publicación de lo que denominé Atlas de la cultura comunitaria de Venezuela, tres años antes de la publicación de este folleto de Quintero:

" Nuestro *Atlas Etnográfico* es el atlas del venezolano de hoy, con su historia, vida cotidiana, valores, costumbres, personajes, quehacer característico y creaciones culturales—colectivas e individuales—en

las circunstancias que lo rodean y en medio de este escenario, rico y

diverso desde todo punto de vista que se le mire, que es la región

falconiana. Por tanto, necesitamos colocar en el primero de los planos

su biotipo—tarea ésta que estamos conscientes es muy difícil de

plasmar. Pero, sobre todo, nos hemos esforzado por ofrecer una

"postal" de su vida en la comunidad concreta donde nació, ha crecido o

vive, en unión de su familia y de sus vecinos. Es decir: nuestro atlas

se ha impuesto ser el Atlas de la cultura comunitaria venezolana, en especial de la rural, debilitada por la bárbara guerra de desgaste del capitalismo salvaje; de esa realidad, tal como la percibimos y apreciamos en su proceso de transformación, a consecuencia del impulso que le ha inyectado el Presidente de la República, Comandante Hugo Rafael Chávez Frías, en su marcha hacia el Poder Popular, que descansa en el empoderamiento de las comunidades de base de todo tipo de recursos: medioambientales, naturales, energéticos y económicos.

Damos, pues, aquí, a modo de adelanto, una pauta de la vida y del quehacer cultural del ser falconiano en ese horizonte elemental, y humano, de su existencia, plena y libre, que es la sociedad solidaria por la que apostamos y luchamos en el fragor de esta revolución bolivariana, "a lo venezolano", con la que estamos comprometidos.

La historia orienta al pueblo en la clarificación de las metas que tiene por delante. Los valores están firmemente afincados en sus tradiciones culturales y artísticas, y en ellos debemos beber siempre como principal fuente de inspiración para fortalecer nuestro espíritu,

si en algún momento los sentimos menguarse. Es lo que ofrecemos   aquí
con este vistazo a algunos de los asentamientos de donde emerge   la   voz
cálida y aleccionadora de la gente humilde apegada a su terruño,
atenta siempre a los latidos que corren por debajo de ésta, como
alegres manantiales que nos acompañan; orgullosa precisamente   de   lo
creado y capaz de esforzarse porque lo mejor de su pasado nunca   muera.
El pueblo tendrá lista siempre el arsenal de conocimientos, experiencias y saberes de los que beberemos como principal   fuente   para
mantener joven nuestro cuerpo y lista nuestra alma.

Entiéndase esta sección de nuestra obra como el reflejo— dado   en
bocetos etnográficos—de lo que hemos podido registrar en   nuestra
libreta de apuntes en nuestras investigaciones de campo y visitas,
muchas veces hechas en equipo, durante los más de dos años   que
llevamos aguzar los sentidos y estudiando la región falconiana,   su
gente y sus valores patrimoniales, materiales e intangibles.

Por último un llamado o aviso: el presente espacio, colocado en Internet o impreso, proponemos sea aceptado como una invitación a los miembros de las comunidades, a sus líderes natos y dirigentes, a contribuir mediante escritos y aportes de documentos, fotográficos y audiovisuales, que nos permitan ampliar nuestro registro hasta abarcar los 25 municipios del Estado. Así seguirían el ejemplo de los tureros de San Pedro de Mapararí, municipio Federación, quienes nos entregaron un manuscrito que publicamos en esta sección y en el primero de los fascículos impresos de nuestro Atlas."

En fecha tan temprana como el 29 de junio del 2006, en mi libreta de campo anoté algunas observaciones y se produjeron las primeras entrevistas realizadas en la comunidad de San Pedro de Mapararí, con cuyos vecinos establecí la misma amistad que la sostenida con las personas que me habían servido para escribir los libros de los que vivo enorgullecido. Aquí les van tal y como las transcribo de mi manuscrito.

2.7.2.1 Aspectos económicos y sociales de la comunidad de San Pedro

La mayoría de los vecinos de San Pedro son trabajadores agrícolas. Hay obreros, dice Rafael, vinculados al trapiche en que muele caña de azúcar, cuyo dueño se llama Manuel Suarez, que vive en El Tural, donde está la bomba gasolinera, después de Maparí. El trapiche emplea a trabajadores cuando esta produciendo. Es un empleo que dura 6 meses como máximo, porque depende de la cantidad de caña sembrada, de la productividad, así como de los factores climatológicos que puedan influir en la duración de la cosecha. Uno de los sub-productos de la caña de azúcar es **la melcocha,** que se bate y se le hecha leche en polvo. Uno de los vecinos va a regalar una si el próximo lunes el trapiche empieza a laborar.

La chícora es un instrumento de trabajo hecho de madera dura cuyo extremo es de hierro, y se emplea para abrir huecos en la tierra donde se siembra o se planta de semillas o especies de vegetales. **El machucón** es voz que antes designaba al trapichito de madera empleado para moler la caña y extraer el jugo o guarapo. Su campo semántico se amplio y sirve para designar el pilón de madera donde se pila el maíz o se desgrana la mazorca de maíz para elaborar la arepa pilá, que casi no se produce ni se consume.

Rafael Rivero, de 50 años de edad, asume una actitud tranquila a la espera de la lluvia para comenzar la cosecha. Otra es la actitud que da a entender, la actitud del turero que interroga a la naturaleza: **¿Qué haces para que me des lo indispensable para vivir?** Sus padres fueron Cándida Rivero y Juan Reyes, nacido en El Frital, cerca de San Pedro. Su padre fue agricultor, tenia finquita, sin animales. Vendieron la tierra cuando y se fueron para El Platanal. Rafael vive al lado de Flora, en San Pedro. Su padre tenía 62 anos, al morir y su madre murió cuando Rafael tenía 5 años.

El corte y alza de la caña de azúcar lo rodea el peligro de las culebras, cuya picada se produce por descuido de la gente y que puede ser mortal.

Se cuenta el caso, muy sonado, de un turero que vivía en El Roble pero fue muerto por una culebra en caserío El Tigre. Fue a amarrar el burro en el sitio donde estaba el reptil. Logró matarla, pero murió con ella. Lo picó en la cabeza, lugar que no encontraban, y murió.

Generalmente el falconiano vive ajeno a la existencia de las terribles culebras, algunas mortales, la región es pródiga en distintitos tipos de especies en la que podemos mencionar a la rabo frito, delgada de una cuarta y media de longitud y que puede ser mortal si muerde al hombre; se enrollan y van saltando; la cascabel por el sonido característico semejante al de las maracas que no ataca, si no esta en paz es que se encuentra molesta y puede ser agresora; <u>la macaurel</u> , de la cual hay varios tipos: el tartaguito, el chispico o negro, el amarillo y el terciopelo, el renegrillo.

Alexander, 13 años, vino a Mapararí a hacer la primera comunión que ha tenido lugar en San Pedro. Vino a hacer una exposición de plantas medicinales de hortalizas en donde tocan Las Turas, estudió segundaria básica en Mapararí. Su familia es de San Pedro, donde nació, pero se mudo en Mapararí cuando nació. Allí las cosas se hacen más fáciles; está el Liceo en San Pedro y la enseñanza solo llega hasta el 6to grado.

Para él Las Turas son una danza tradicional que tiene que ver con los ayamanes. Sabe bailarlas pero no ejecutar sus instrumentos musicales. Sus padres la saben bailar y su padre toca el cacho.

Rafael gana Bs 10.000 diarios, a los que se añade lo que pone la mujer, ayudante de la camioneta y Florita, su hija, a quien su marido le da no se sabe cuanto dinero a la semana. Florita tiene dos niños. Son 8 en total en su casa incluyendo al yerno.

Rodolfo Garcés y su cosmogonía religiosa

En la cosmogonía religiosa de la comunidad de San Pedro, el chamán Rodolfo Garcés Soler sitúa a la "corte india", integrada por el o los indios *Pire,* que fueron los primeros en despertar a Dios con su música. Y continuación aclara: "Los indios *ayamanes* llegaron ahora, con los que están mandando en el poder."

Menciona a las Siete Potencias Divinas, cuyos miembros son La Reina, el Negrito Felipe, Guaicaipuro, quien fue guerrero; el Rey Galán, que también estuvo en las guerras;

la reina Magdalena-india-también fue una guerrera; Don Toribio Montañéz, Guerrero, se metió en las montañas de Agua Blanca, para al lado de La Majagua; el Rey Amoroso, de San Pedro, era indio, pero guerrero, "de los indios de meter"; Don Juan de Pararí, era también un guerrero de la montaña, se encantaron. La Reina Chima también se encanto.

2.7.3 Los tureros elaboran la historia de su comunidad

Tuvimos el acierto de colocar en este folleto la historia contada por los propios tureros de San Pedro y del asentamiento de Mapararí, todos aplicados a recuperar sus propios saberes e historia. Estas fueron mis palabras de presentación de sus textos:

"La siguiente reseña tiene un valor excepcional a los efectos   de   la filosofía de nuestra obra: fue escrita por los humildes miembros   de   la comunidad turera San Pedro, ubicada en la parroquia Mapararí   del Municipio Unión. La hicieron con la más absoluta libertad que   le otorga vivir en un territorio que consideran ayamán, de lo cual   se enorgullecen, a pesar de que podemos apuntar que las tierras   que labran, siembran y cosechan no les pertenecen en lo que a propiedad privada se refiere. Por nuestra parte, tenemos la dicha de ver realizado, en parte, ese sueño de que el pueblo se esfuerce en reconstruir su propia historia y es eso mismo lo que estos trabajadores del campo han hecho para que el resultado de su voluntad sea incluida en el Atlas Etnográfico del Estado Falcón que lleva adelante nuestro Centro de Investigaciones Socioculturales del Instituto de Cultura del Estado Falcón, Venezuela. La publicamos textualmente, sin apenas hacerle ninguna corrección o cambios."

Y a continuación coloqué en el folleto impreso la transcripción exacta y fiel hecha por mí de lo que ellos me llevaron a la oficina del INCUDEF como su contribución a esta publicación que, como dije antes, resulta excepcional por la presencia en ella de humildes labriegos, obreros agrícolas y trabajadores del campo. De escasos recursos técnicos, pecuniarios y preparación en cuanto a métodos de estudios para labores propias de especialistas y personajes dotados con "títalos" o pergaminos universitarios, como los calificaba mi viejo amigos Samuel Feijóo:

RESEÑA HISTÓRICA DEL PRIMER EVENTO DE LA FRATERNIDAD TURERA EN SAN PEDRO DE MAPARARÍ.

En el 1.992 surge una idea del profesor José Chirinos de hacer un
encuentro de tureros en nuestra comunidad turera. Este primer
encuentro se inició el 28, 29 y 30 días de San Pedro y San Pablo,
donde asistieron tureros de El Tigre, El Jusal, La Duquesa, San
Tacnus,   el Río Mapararí.

En este evento se integraron para que se realizara José Chirinos, como
Principal, Carmen Olivet, Samuel Bermúdez, Roselina Leal, Ender
Rodríguez y esposa Flora Robertis, Simón Castillo, Ángel Colina y
Tarcisio Gauna.

De este evento salió la donación del patio cedido por Servando
Cordero, ganadero, dueño de la hacienda La Garza. Desde allí
hasta la actualidad nos hemos independizado, y de allí arranca la base
fundamental de La Casa de los tureros; esta casa lleva el nombre de

Casa de las Turas "José Cecilio Salas". También salen de este
encuentro los beneficios que los tureros no tenían, por ejemplo, la
ayuda para los viejitos tureros, construcción de la casa de los
tureros, mejoras del patio de turas, y otros.

RESEÑA HISTÓRICA DE LA DANZANTE MAYOR Y SUS CAPATACES

Audelina Castillo de Garcés, hija de José Cecilio Salas, su mamá María
dionisia Castillo. Con una edad de 90 años. Se destacó como danzante
en las turas desde muy niña. A los 12 años andaba en los patios de
tura con su mamá. Audelina fue y es danzante mayor por ser la hija
mayor de Cecilio Salas. Al frente de las turas tiene un aproximado de
78 años como danzante, animadora y ser capataz.

RESEÑA HISTÓRICA DE ELICIA DEL ROSARIO CASTILLO

Elicia, hija de José Cecilio Salas, su mamá María dionisia Castillo.
Elicia tiene 68 años, empezó a andar en los patios de turas a los 10
años, tiene 58 años al frente de las turas.

Como danzante en su historia cuenta que cuando la virgen María
andaba huyendo de los fariseos que mataban a los niños, una vez los
encontró y ella vio que estaban tocando las turas; y para esconderse
de ellos se metió en medio de los tureros, llegaron los fariseos y
dijeron: "vámonos, estos son unos locos". No la vieron y la virgen
bendijo en ese momento las turas.

VERSIÓN DE ELICIA CASTILLO

HISTORIA Y RESEÑA DE PAULA GARCÉS

Paula, hija de José Cecilio Salas, su mamá Pastora Garcés. Tiene una
edad aproximada de 72 años. En las turas empieza a los 10 años y
tiene danzando al frente de las turas 62 años.

Paula nos cuenta que en todos los patios de turas se mantenía una
cadena de   plantas medicinales, animales, guindados en el palacio:
un cachicamo, el primer animal de las turas, aguardiente o guarapo,
fuente de caña, chicha, fuente de carne de venado,
 marrano é monte ,

mazamorra y muchos jugos. El respeto sobre todo, la orden era del
capataz y el mayordomo.

VERSIÓN DE PAULA GARCÉS

RESEÑA HISTÓRICA DE ANGEL COLINA

En Las Turas

Yo, Angel C. Colina Castillo, nací un 16 de junio del año 1959. Fui
promovido en las turas en una edad comprendida a los 9 años de edad,
bautizado en el año 73 en el patio de El Jagüey en los del
Capataz mayor José Cecilio Salas, como Tureros Mayores Rodolfo Garcés,
Hipólito Caciano Castillo. De allá hasta la actualidad me he venido
destacando en las turas como tocador de todos los instrumentos de las
turas, como fundador del primer grupo de tureritos, entre ellos está
ahorita el turero José Castillo, Juvenal Castillo, Gregorio Hernández,
Alexio Mora, Jesús Mora, Erico Marrufo, entre otros; Instructor de la
Resistencia Indígena Ayamán, fundador de la Fundación José Cecilio

Salas.

SAN PEDRO, 06 04 08.

PEQUEÑA RESEÑA HISTÓRICA NARRADA POR TARCISIO A. GAUNA

Tarcisio A. Gauna, 58 años de edad, natural y residenciado en este
caserío. Duro caserío, fue habitado por primera vez por los señores
Cecilio Salas y José Salas, siendo éste último el primero en llegar a
asentarse en un fundo que le puso San Lorenzo; historia que conozco
por versión del señor Cecilio Salas en el año 1976, ya fallecido.

También me contó sobre las turas y me dijo que estando muy pequeño se
hizo turero en el patio de Monche Morles y Sixto Morillo, ubicado en
un sector de nombre El Zulia. Hizo un patio en el nacimiento, al cual
le puso el nombre de San Pedrito, del cual era devoto. Habiendo sido
bautizado como Capataz de Las Turas por Sixto y Monche en los años 90
de 1800.

Belarmino Vásquez lo invita para que lo toque unos sones

de tura en
Mapararí, para pagar una promesa a la Virgen de Las
Mercedes, quedando
de acuerdo en tocarle todos los 24 de Septiembre.

Una vez fallecido toma el mando como Capataz él, su hijo
Rodolfo
Garcés como Sub-capataz Casiano Castillo los cuales se
mantienen.

Las Turas es un ritual que se toca para rendir tributo a los
espíritus
benditos para que llueva y se den las cosechas, y promesas
a petición
de quien se haya comprometido. Se hacían juegos dentro
del baile, la
gallina, el zorro, el venado, matrimonios, el perro, el
cazador, y
otros.

Del 21 al 29 de Mayo se celebra al Día de Santa Rita, se le
toca Las
Turas. Dicha virgen la trajo Juana Carrasco, proveniente
de La
Peñita.

La primera formación de niños tureritos fue hecha por el
señor Ángel
Colina. Hizo un grupo con los ñiños José Gregorio, Danny
Antequera,
Darwin Gauna, José Garcés, Pedro Antequera, Miguel
Leal y otros,

como Reina Audelina Garcés, de formación se mantiene.

Las Reinas de Las Turas: la primera Pragedes Chirinos
(Siglo XVIII),
la segunda Ingracia de Yugurí (Siglo XIX), la tercera y
 hasta el
presente Graciela Antequera.

RESEÑA HISTÓRICA DE LAS TURAS.

Una de las vivencias donde se observa de manera concreta
nuestra
cultura prehispánica es el ritual aborigen o Danza de Las
Turas
(Danza del Maíz y de Vida), de carácter folclórico en
homenaje a los
dioses de la cosecha y en honor al santo San Pedro,
celebrado dos
días, 29 y 30 de Junio de cada año en la comunidad de San
Pedro,
Parroquia Mapararí, Municipio Autónomo Federación.

Con la flauta de carrizo inventada por los indios
 Ayamanes y
mantenida hasta la actualidad, con ellas imitamos el canto
de los
pájaros, con los cachos de venado cubiertos con cera negra
de vallude
o de arigua; representa el sonido de los vientos y los
truenos. Los
trocones o tapara con semillas de capacho y maracas;

representan las
lluvias. Al juntar símbolos las turas originan el sonido de los
espíritus de la naturaleza para darles gracias y bendiciones a los
pueblos indígenas ayamanes.

RESEÑA HISTÓRICA DE LA FUNDACIÓN JOSÉ CECILIO SALAS

La Fundación fue fundada en 1.997, y se registró en el año 2004 bajo
el Nro. 37, folios 186 al 189. Esta fundación lleva el nombre de José
Cecilio Salas. Este protagonista fue el descendiente, el primer
Capataz en la década de los años 30 hasta el año 1976.

José Cecilio Salas fue el fundador de San Pedro, fue quien por primera
vez llegó a estas montañas vírgenes, acompañado de un tío de nombre
Maximiliano Salas, trayendo con él la estampa del Santo
 San Pedro y
sus instrumentos de las turas. El nombre de San Pedro fue por el
santo, regalo que le hizo el padre Rivero en Churuguara.

RESEÑA HISTÓRICA DE LOS FUNDADORES DE LA FUNDACIÓN JOSÉ CECILIO SALAS

En el año 97, yo, Ángel   Colina me propuse fundar esta

fundación
dándole el nombre de José Cecilio Salas, por ser el fundador padre de
todos los tureros, abuelo de los descendientes.

El propósito de esta fundación fue para defendernos un poco de los
manipulistas y así defenderlos un poco, reclamando nuestros derechos,
ya que nuestras costumbres y tradiciones ayamanes hemos mantenido
 500 y tantos años atrás, sin desmayar.

En la fundación y al frente están Ángel Colina Castillo, como
Coordinador General (7.498.174), José de los Santos Castillo,
como   Coordinador de Eventos (13.269.051), Flora Robertis como
Secretaria de Finanzas (3.097.667), Paulita Chirinos, como
Coordinadora de Proyectos (18.480.025), José Luis
 Garcés, como
Secretario (18.605.103) y Yolanda Antequera, como
Asesor (14.733.141).

RESEÑA HISTÓRICA DEL CAPATAZ RODOLFO GARCÉS

En el año 77 tomó el mando como Capataz el señor Rodolfo Garcés.
Tiene un tiempo limitado en Las Turas, de una edad comprendida de 73

años al frente de esta tradición indígena. Cuenta con 86 años de

edad, como capataz o al frente de los tureros tiene 32 años.

Rodolfo Garcés como capataz se encarga del respeto en el patio de las

ceremonias y sahumerio de hojas de la montaña, llevar las plantas

medicinales, llevar las reliquias en el patio, entre otros.
RODOLFO GARCÉS

RESEÑA DE HIPÓLITO CASIANO CASTILLO

Hipólito Casiano Castillo lleva en las turas un tiempo al frente de

esta tradición, desde muy niño. Cuenta que ellos hacían turitas de

tártago o de hojas de lechosa. Esa fue su inspiración en las turas y

fueron amaestrados por los piaches de Monche Morles.

Castillo cuenta ahorita con 80 años. Tiene en las turas como turero

Mayor y Chamán 71 años. Su comienzo fue aproximadamente a los 9 o 10

años. Es hijo de José Cecilio Salas y María Narcisa Castillo."

Finalmente, creemos conveniente traer aquí a colación el texto elemental surgido de mis primeros contactos con los miembros de la comunidad de San Pedro de Mapararí, el que incluí en aquella lejana publicación que subí a la web, como dije, en el año 2008:

LAS TURAS EN VENEZUELA: SU VERDADERO Y PROFUNDO SENTIDO ANCESTRAL / Autor: JOSE MILLET

Lamento que se sigan arrollando tradiciones ancestrales que nos remiten al pasado más remoto de la Humanidad por dos impulsos cada uno de los cuales más dañino: por un lado, debido a la ignorancia y, por el otro, a la ligereza al tratar asuntos de extremo cuidado relacionados con la sensibilidad de un pueblo. Por lo primero, se han asumido afirmaciones que todos repiten sin la más elemental pausa en la serena reflexión y a la comprobación de lo que la mayoría de la gente afirma mecánicamente. La primera de ellas es la que vemos en obras recientes de respetables organismos oficiales como los encomiables catálogos del IPC, al afirmar que Las Turas son o consisten en un baile o en un ritual. En el caso de Las Turas, que nos ocupa, estamos en presencia de fragmentos de un todo que no deja ver su fondo, los cuales, en efecto, están dotados de movimientos y de una dinámica que nos remiten a procesos simbólicos o a sistemas culturales lamentablemente desaparecidos o en vías de ocaso, de los que tenemos la suerte de contar en nuestro país con firmes exponentes, tanto humanos como espirituales, que nos permiten presumir su fortaleza y trascendencia en muchos y complejos sentidos. La segunda es referirla a los instrumentos musicales de los que se valen los tureros o miembros de estas comunidades para "interpretar" la música conque se acompañan los movimientos colectivos danzados que, en ocasiones, son ejecutados en parte de sus festividades: algunos distinguidos investigadores, como nuestro coterráneo Luis Arturo Domínguez, se lo atribuye a las flautas de carrizo o de bambú y otros, a la de maíz.

¿Qué son Las Turas realmente? Todo, menos un baile y mucho menos un rito: en todo caso y, en primerísimo lugar, es la evidencia de un discurso simbólico, algo fragmentado, aunque uno de los más ricos, complejos y diversos de cuantos forman parte del mosaico de culturas originales que existían aquí y que se pusieron en contacto e intercambiaron entre sí en nuestras tierras "americanas", mucho antes de la invasión del conquistador europeo que terminó por dominar a los pueblos nativos que las habitaban a su llegada. En segundo término, las turas son parte visible del resultado del proceso acarreado por la colonización foránea que, querámoslo o no admitir, trajo el etnocidio y el genocidio de los aborígenes, pero a su vez la transculturación que hoy podemos apreciar en infinitos ámbitos de nuestra sociedad y cultura.

Tampoco las turas son la manifestación de agradecimiento y bendición de las cosechas anuales obtenidas por los tureros que son, en su mayoría, ciertamente campesinos o cultivadores, pero algo más que simples labriegos. Del mismo modo se toma la parte por el todo cuando se identifica la palabra tura con maíz, porque con ello seguimos manejándonos en la pura exterioridad del fenómeno, que es mucho más profundo y abarcador. Las turas engloban todo el espacio cósmicamente concebido e imaginable, en el que están en primer plano los seres vivos: el hombre, las plantas y los animales, y, asimismo, con igual o mayor peso determinante a las fuerzas y principios fecundantes propios de la Naturaleza, invisibles, que posibilitan la vida de esos mismos seres, su creación y reproducción encima de este planeta que denominamos Tierra. No es a la Madre Tierra sólo a la que se le rinde reconocimiento en ellas, sino a los principios que hacen posible su fertilidad y que, en su seno, se continúe la existencia, sea la humana o la de otras criaturas. No es incorrecto decir que se venera la cosecha, con el impulso propiciatorio adicional de que sean colocados todos los elementos necesarios para que el Dador nos vuelva a conceder igual merecimiento en especies comestibles y en bienestar espiritual.

La comunidad turera de San Pedro de Mapararí.-

Por

José Millet

Las entrevistas que le hiciéramos, a partir del año 2006, a Ángel Colina y José Castillo, dos de los directivos principales de Las Turas, perteneciente a la comunidad San Pedro de Mapararí, nos han proporcionado una valiosa información que transcribimos a continuación, acompañada de algunos comentarios.

El 5 de enero de 2004, se legaliza la Fundación que lleva el nombre de José Cecilio Salas, fallecido en 1977, y considerado uno de los capataces que mantuvo durante largo tiempo esta tradición indígena, que ellos asocian a las comunidades étnicas de origen ayamán. Al final, al pie de página, colocaremos la relación de sus miembros fundadores, aportada en las entrevistas y que ha sido avalada por varios miembros de la propia comunidad durante algunas de nuestras numerosas visitas a San Pedro*.

Cuando les preguntamos quiénes fueron los primeros capataces, nombraron al mencionado Cecilio Salas, fallecido en 1977 y a Rodolfo Garcés, su actual capataz, e identificaron como sus reinas más antiguas a Engracia de Yugurí, fallecida a los 78 años, y a Marcelina Antequera, quien aún ejerce esta función.

En cuanto a la "composición organológica" o conjunto de instrumentos musicales empleados, resulta de mucho interés la relación de los instrumentos que identifican como los propios de Las Turas, a los que se asocian los siguientes nombres de quienes los ejecutan:

-Flauta Tura Macho: Hipólito Casiano Castillo
-Flauta Tura Hembra: Rodolfo Garcés
-Cacho Mayor: Rafael Molleda

-Cacho Menor:	Martín Garcés
-Cacho Mediano:	Ángel Colina
-Cacho Pequeño:	Simón Castillo, Enrique Castillo
-Maracas:	José Castillo, Yovanny Colina

Las turas es vista por el común del venezolano como un "baile", en tanto se producen numerosos movimientos coreográficos realizados al compás característico de los instrumentos musicales que acompañan a estas celebraciones. A continuación figuran los nombres de los danzantes de esta comunidad: Laudelina Castillo de Garcés, Elicia Castillo, Paula Garcés, Lourdes Antequera, Flora Robertis, Carla Antequera, Morelis Antequera, Emérita Colina, Elita Mora, Dominga Garcés y Adelaida Mora

Calendario de las celebraciones tureras.-

Al año, pautan dos fechas para la realización de Las Turas: la primera, el 29 de junio, por motivo de la celebración católica de San Pedro y ocasión en que precisamente esta comunidad se ha esforzado por hacerse de un espacio de encuentro entre las comunidades de los Estados Falcón, Lara y Portuguesa; donde se ha mantenido viva esta raíz aborigen venezolana. A este espacio lo denominan Día de la Fraternidad Turera, por cuanto se caracteriza como un compartir entre hermanos, ideas y experiencias dirigidas al fortalecimiento de estas tradiciones. La segunda, el 23 y 24 de septiembre, fiesta de la Virgen de las Mercedes". Nos llamó la atención que se agregue una tercera fecha, el 07 de Abril, como "Día del Aborigen Ayamán". En ésta comunidad resulta significativa la voluntad de un porcentaje elevado de sus miembros de reivindicar su raíz ancestral, definiendo claramente que esta comunidad proviene de los grupos étnicos ayamanes.

Comunidad Turera.

Las Turas es una festividad agrícola en que se invocan las fuerzas reproductoras de la naturaleza para que propicien que la tierra sea fertilizada: que acepte la semilla en su seno mediante una cópula. Esta intervención garantiza la siembra. Se produce en el período de equinoccio de primavera, en marzo, cuando las condiciones climatológicas son favorables a la actividad agrícola y durante el equinoccio de otoño, en el mes de septiembre. ¿A quién se le rinde culto? ¿A esas fuerzas propiciatorias de la fertilidad y a la propia tierra? Al todo: a las fuerzas que se apropian de los miembros de la comunidad humana, a los animales y plantas, permitiendo que se conviertan en un sujeto colectivo, sin olvidarse de los espíritus ancestrales ni de los muertos; representados respectivamente por las flautas de carrizo, maracas y los cachos de venado.

Estas celebraciones coinciden con las épocas demarcadas por el cambio de las estaciones: en mayo, cuando la primavera rompe con el período de las lluvias, la unión de la pareja formada por el Capataz y La Reina de Las Turas, significa la cópula que derrama el semen que alentará a la tierra a recibir en su seno la semilla. Este "matrimonio espiritual" tiene el simbolismo del cielo eterno de la regeneración de la naturaleza, no regido por las leyes de los hombres.

La segunda época evoca la muerte: la naturaleza del verdor, de la fronda, la caída de las hojas y el anuncio del frío, o si, de la humedad. Los frutos cosechados deberán ser almacenados para conservarlos y usarlos en caso de que sobrevenga una temporada inclemente. Aun cuando en Venezuela no exista la sucesión indicada de las estaciones, igual el ciclo de las lluvias pone la pauta. Salvo condiciones climáticas no habituales, los ciclos lluvioso y secos pueden tomarse como regulares, y por tanto, referentes bastante seguros.

En los eventos realizados durante esta celebración se manifiesta todo un simbolismo. La marcha india de los tureros atraviesa los campos donde viven y se dirige directamente a la fuente de agua: exactamente al ojo de agua, de donde nace la vida. Se atraviesa la poza y se adentra en el fondo de una cueva donde viven los espíritus, justo en "el nacimiento". Se les reconoce así como indispensables dadores de dones esenciales, por cuanto si no existiesen o no dejaran que de su seno fluyese el líquido vital, ¿podríamos hablar acaso de agricultura?

La siguiente estación permite la comunicación con los espíritus que moran en la corteza terrestre. Activadas las mencionadas entidades acuáticas, se procederá a "despertar" a la madre tierra, empleando los procedimientos acostumbrados de las turas: ensalmes, invocaciones y cantos, acompañados de sones de flautas de carrizo y de cachos. La convocatoria a los poderes ocultos, también alcanza a los insomnes gigantes que descansan, de pie, encima de la superficie sólida: el círculo de los tureros se desplaza alrededor de un árbol acompañado de su música y de los característicos movimientos corporales. Es la función exacta de las flautas: avisar al oído de las plantas, mediante el estremecimiento de su sonido, que debe activarse su capacidad reproductiva, el flujo de la savia, su ascenso a los gajos y fronda.

Los cachos de venado, apartan la voz de lo opuesto, del polo negativo a la vida, de la muerte. En un recordatorio con la puesta del juego de los contrarios que conviven en un mismo plano, escenario y tiempo. En definitiva, es lo que motoriza la existencia al recordar lo que acontece permanentemente. Se invocan también con ellos al reino animal: No hay nada de macabro en los sones alusivos a aves conocidas en sones donde interviene esa calavera astada. Creo que adicionalmente debe indagarse en el llamado a una arista de agresividad representado por los pájaros invocados, a la lidia, y caracteriza a estos inquietos y bulliciosos animales.

El mencionado simbolismo remite a un sistema de círculos concéntricos que parte de la fuente hídrica-el enigmático ojo de agua-, se traslada a la parte sólida contigua a la poza y la cueva, donde moran otros espíritus arbóreos y de la fauna, hasta desplazarse a un destino final: el de los seres humanos. Pero, que no se nos escape la definición del espacio inicial, como aquel sin fronteras entre los estados de la materia, sino entrelazándose, interponiéndose e interactuando, lo que mora en el agua, la tierra y el aire.

¿Qué aporta? ¿Cuál es la función y el sentido del traslado de los tureros, desde el espacio en que se produce o tiene lugar el encuentro de esos tres importantes elementos a otro espacio, en este caso habitado por otros seres humanos? Integrarlos en el "todo" de la naturaleza para que puedan funcionar en él como se quiere, a fin de alcanzar todas las metas propuestas, tanto a las fuerzas de la naturaleza convocadas, como las otras que puedan aportar otras criaturas del reino, en donde viven, fluyen o interactúan otros espíritus, por ejemplo, los de sus ancestros. De ahí que lleven la relación detallada de cuanto aconteció en el pasado, y lo traigan al presente como para rendirles pleitesía.

También en el interior de la organización humana acuden y fluyen diferentes tipos de energía, dado por muchos elementos y eventos que allí tienen lugar. Disponen de los frutos de la cosecha y los procesan para distribuirlos en determinados momento de la fiesta. Sólo al saber que el dominio del fuego los sitúa por encima de otras especies de su propio reino. Este último elemento nos permite adelantar algunas ideas que permitirán darle la ubicación aproximada y función que este postrer espacio tiene.

El movimiento del sistema de círculos concéntricos se detiene en un espacio abierto, en el patio o "Patio de Las Turas", restrictivamente hablando. Nuevamente estamos en presencia de otro espacio sagrado: en su centro una cruz, con los diversos sentidos que ella tiene, en su relación con el corte de los espacios y su asociación con la muerte, alrededor de ella, los frutos de la cosecha, obtenidos normalmente en el conuco local. Entre los frutos mostrados destaca el maíz, en este caso la planta-dios que se ha sacrificado- para que su cuerpo y su espíritu sean compartidos por cada uno de los tureros. El acto de consumo en colectivo cerrado y unido, el tótem del que nacimos, es sólo un episodio de ese movimiento rítmico y acompasado, y nos esforzamos por aprender.

La cruz como referente de la religión judeo-cristiana, nada tiene que ver con los grupos y comunidades étnicas que poblaron nuestro continente y se mantuvieron en el mundo antes de la existencia de Cristo. Pero su ubicación en el "patio turero" es una clara remisión al carácter social al que hemos arribado en esta tercera "estación". No se trata de un espacio más, de los existentes en estos vastos ámbitos rurales, sino de uno marcado por un tipo de organización social específica: la humana.

* La "Fundación Cultural José Cecilio Salas" tuvo como fundadores a los siguientes tureros: Ángel Custodio Colina, José de Los Santos Castillo, Nelson Antonio Matute, Carlita Coromoto Antequera, Lisandro Rafael Antequera, Eddie Santos Páez, Rafael Ramón Rivero, Rafael Simón Chirino, María Lourdes Antequera, Marcelina del Carmen Antequera, Morelis del Carmen Antequera, Rafael José Molleda, Cecilio Antonio Castillo, Alida María Chirino, Martín Ramón Garcés, Salvador Vásquez, Dominga Ramona Garcés, Aureliana del Carmen Hernández, Carmen Lucía Acosta, Emérita Colina de Martínez, Adelaida del Carmen   Mora, Elita Ramona Mora,

Gloria Josefina Rivero, Clan Antonio Rivero, Paulita Chirino, Flora Robertiz, José Luis Garcés, Yolanda Antequera..

2.7.3 Críspula Chávez: la voz del conuco marialionzero

Nuestras iniciales incursiones en el mundo de María Lionza nos pusieron en contacto en Caracas con Beatriz Beithamé, a quien llevamos a Cuba, con ocasión de la celebración de una de las ediciones del Festival del Caribe, donde participó con una representación de marialionzeros de Guatire y Guarenas. Luego estas incursiones fueron frecuentes, realizadas en la ciudad de Barquisimeto y nos condujeron a visitar las sagradas Montañas de Sorte y a ponernos en contacto con numerosas casas-templos en ambos ámbitos de la vida tanto urbana como rural del Estado Lara. Una de esas casas-templo le sirvieron a mi cuñada, la historiadora Vilma Acosta Montero y a su amiga, la profesora Judith Guanipa, mientras ambas preparaban su tesis con la optaban por un grado científico en la Universidad Centro-occidental "Lisandro Alvarado", donde ambas trabajaban juntas como docentes y a quienes asesoré en su trabajo de investigación de campo, etc. Su informe sería presentado en el Ateneo de Coro, en forma de folleto, por el Dr. Guillermo León Calles, cronista de la ciudad de Punto Fijo y uno de los íconos vivientes de la historia y de la cultura de este bello país al que guardo el más absoluto respeto. A mí, pues, me llenó de alegría que la ciudad tan amada por mi quien fuera mi suegro, el Sr. Juan Acosta Bello, hubiera sido el escenario escogido por sus dos autoras principales, a las que se añadió mi también cuñada, Eliet Coromoto Acosta Montero en esas misma condición de investigadora. Gracias a esta familia, a su solidaridad a toda prueba, me fue dado llevar adelante la mayor parte de mis estudios hasta el año 2007 en que decidí separarme de María Eugenia, la compañera venezolana a quien había estado unido desde el lejano año de 1993. Más adelante, o casi paralelamente, adelantábamos en el estudio comparativo entre María Lionza y la patrona de todos los cubanos, la virgen de La Caridad del Cobre, como hemos apuntado más arriba.

Y apareció en el horizonte de nuestros estudios etno-sociológicos la señora Críspula Vázquez, a quien debimos hacerle no sólo ese documental que se quedó en las computadoras de la Cooperativa VisiónManaure, sino un trabajo más abarcador en reconocimiento del papel de la mujer en la formación de la identidad cultural y de la nación venezolana, en muchas ocasiones, como es el caso de Críspula, desde el territorio donde nació y creció, así como usando las "herramientas" de la cosmovisión heredada de sus antepasados. Se me presentó ante mí un mundo que cada vez más está desapareciendo del escenario de Venezuela: los denominados "cultos agrarios" que se remontan a casi una "protohistoria" y los sujetos descendientes de los pueblos amerindios que los han preservado hasta el presente. Naturaleza virgen; Humanidad palpitante de los valores y costumbres de pueblos que se han mantenido en territorios en muchas ocasiones en propiedad de terratenientes criollos o surcados por proyectos de las transnacionales, como, pongamos por ejemplo, es el caso de los que viven en entre la Guajira, limítrofe entre Colombia y Venezuela, con centro en Maracaibo. Eso es lo que representa Críspula, a quien en uno de los eventos organizados por el INCUDEF le entregamos—en acto simbólico—un diploma declarándola Patrimonio de Venezuela y de la Humanidad, en reconocimiento de que ella, como otros tantos de sus hermanos tureros, lo tienen sobradamente merecido.

El primer informe de la visita de nuestro equipo de estudio fue proporcionado por el magnífico investigador, hoy Licenciado Pedro Eduardo Concepción, el Lic. Oscar Lázaro y por el TSU Enzio Provenzano Clark. No recuerdo si publicamos ese informe. Me permito subrayar que estamos en presencia de una personalidad de excepcional riqueza como ser humano, por su sencillez, humildad y solidaridad con cada una de las personas que acucen a su hogar, donde en un alero tiene su altar marialionzero, en búsqueda de los efluvios sanadores que habitan en el espacio circundante, de curas o de consejos de parte de Crìspula. Y es compleja también su personalidad porque se conjugan en un individuo la condición de mujer, de shamana, de Reina de Las Turas y de líder de un "culto" que resulta único en el panorama de las creencias de Venezuela: el de María Magdalena.

En la presente publicación, proporcionamos los diagramas que elaboramos a partir de la data recogida en las celebraciones de Las Turas y del denominado Cultor a María Magdalena, a reserva de que en otra publicación nos extendamos en un informe más prolijo donde tratemos sus características y hagamos una evaluación exhaustiva de la importancia de ambas celebraciones, a las que asociación ritos y eventos de alto significado para desentrañar y ofrecer un cuadro de la espiritualidad, de riqueza inigualable y diversa, creado por el pueblo venezolano.

2.7.3.1 Celebración a María Magdalena en las montañas de Los Riegos

Fecha: Anual. Mes de junio.
Festividad: Religiosa popular comunitaria
Municipio: Unión

Existen tradiciones culturales surgidas en el seno de una sola familia, cuyo centro actúa como fuerza centrífuga que irradia hacia otras familias y se expande hasta alcanzar a miembros de una vecindad, asentamiento rural o urbano hasta el punto de extenderse a distancias casi imposible de reconocer y precisar por el investigador inexperto. El fenómeno lo ilustra la de Críspula Vázquez, una humilde conuquera que asumió la creencia religiosa de su madre y la ha convertido en una manifestación espiritual en la que participan sus vecinos en las intrincadas montañas de "Los Cañitos", en el Municipio Unión, y también, activamente, a peregrinos de asentamientos muy distantes de la finca donde está enclavado el altar principal y, encima de él, en la cueva situada en lo alto de una enorme piedra , en otro espacio sagrado a manera de altar, donde se producen actos de consulta y sanación individual y familiar.

María Lionza es el complejo pensamiento mítico, de leyendas y creencias mágico-religiosas más importante de la creación cultural del pueblo venezolano y éste otro de María Magdalena, de Los Riegos, cuyo diagrama regalamos al lector de nuestro **Atlas Etnográfico,** el que ostenta igual o parecida clasificación en orden de valor, en lo que a mentalidad religiosa del pueblo venezolano podemos referirnos en todo el Estado Falcón. Fue descubierto por nuestro equipo de estudio en el año 2006, cuando avanzábamos en la investigación de campo acerca de la tradición de origen ayamán conocida por el impropio término de *baile* de "Las Turas", de una de cuyas comunidades de creyentes es reina de Las Turas la propia Críspula, en cuya casa de vivienda ubicada en el asentamiento La Duquesa, también perteneciente al Municipio Unión, registramos en varias ocasiones las celebraciones que hemos propuesto en repetidas ocasiones que sean colocadas en la lista de Patrimonio de la Humanidad, de la UNESCO.

En una ocasión, elaboramos una propuesta a la "Cooperativa de Producción Audiovisual Visión Manaure", de la cual fui entusiasta fundador y donde trabajé ad honorem, para realizarle un documental que tuviera como centro a Críspula y a sus excepcionales tradiciones tanto tureras como la de su "culto a María Magdalena". Nos ubicamos con el equipo de grabación en mano en el escenario del asentamiento turero de La Duquesa y grabamos hasta la saciedad cada uno de los eventos que se produjeron en esa memorable ocasión en que se desarrollaba la fiesta de la cosecha conocida como Baile de Las Turas; pero como la mayoría de las propuestas de documentales de esa Cooperativa, las imágenes fueron borradas y se perdió la oportunidad de haber rescatado para la posteridad uno de los testimonios gráficos y audiovisuales que nos hubieran catapultado a la historia de Venezuela, al inscribirnos como los primeros productores de un documental donde se combinaba la actividad productiva del maíz con las tradiciones asociadas a la agricultura y al mundo de los espíritus que la presiden.

Notas y referencias bibliográficas

fundamentado en gran medida en la experiencia esencial que tuve en casi un cuarto de siglo de trabajo en la Casa del Caribe y , en menor medida, en los trabajos de colección de la data que sirvió para la elaboración del Atlas Etnográfico de Cuba

Notas y referencias bibliográficas

1.- El Atlas Etnográfico del Estado Falcón surgió como fruto natural del trabajo científico-investigativo desarrollado desde el Centro de Investigaciones Socio-culturales creado en el Instituto de Cultura del Estado Falcón a partir de la juramentación como su jefe hecha al escritor e investigador Lic. José Millet en el año 2005.

2016 III 16

Acerca del autor:

Del editor-autor:

Millet, José. (Holguín, Cuba, 28.01.1949). Residencia actual: Avenida Ali Primera, calle Principal, casa 29, Sector La Cruz, parroquia Los Teques, Municipio Guaicaipuro, Estado Miranda, República Bolivariana de Venezuela. Teléfonos: 0416/2168703;   0412/5960330   y   (058)   (Falcón: 0268)/4608164.   E-mail: milletjb3000 @gmail.com//milletjb2004@ yahoo.com

Escritor, investigador, profesor universitario, crítico de arte y guionista de cine, radio y Tv. Filólogo de carrera, ha dedicado sus últimos 36 años de vida a los estudios etnográficos y sociológicos en el área de la cultura popular, especializándose en la temática de las fiestas populares y las religiones tradicionales de base africana y del espiritismo en el Caribe. Hizo estudios de Filosofía en la Universidad de La Habana y, en 1975, se graduó de Licenciado en Letras en la Universidad de Oriente, en la ciudad Santiago de Cuba. Tiene una larga experiencia como docente universitario en su país natal y en otros países. Cientos de estudios, ensayos y artículos suyos han visto la luz en prestigiosas publicaciones periódicas tanto en Cuba como en otros países y ha publicado dieciocho libros, uno de los cuales alcanzó el Premio en Ensayo José María Heredia, de la Unión Nacional de Escritores y Artistas de Cuba (UNEAC) y dos, en coautoría: El vodú en Cuba y Barrio, comparsa y carnaval santiaguero, obtuvieron premio nacional en investigación sociocultural que otorga el Ministerio de Cultura de la Mayor de las Antillas. Se desempeñó como Investigador Auxiliar en la

Casa del Caribe, prestigiosa institución de la que fue uno de sus fundadores en 1982 y que ayudó, decisivamente, a categorizar como Centro de Investigaciones por parte del Ministerio de Ciencias, Tecnología y Medio ambiente de la República de Cuba. Ha obtenido varios reconocimientos en el área de la investigación científica aplicada a las ciencias sociales y humanísticas. Pertenece a varias organizaciones internacionales, como la Association of Caribbean Studies, el Grupo de Estudios Regionales del Consejo Europeo de Investigaciones sobre América Latina (CEISAL) y la Red de Instituciones e Investigadores de las religiones afroamericanas de la UNESCO, en cuya temática acaba de ser impreso en USA el libro Sacred Spaces Religious Traditions in Oriente Cuba...en coautoría con la profesora Dra. Jualynne Dodson, de la Michigan State University, aunque publicado sólo a la firma de ésta. Es miembro de la Red Nacional de escritores de Venezuela. Ha participado en eventos y hecho investigaciones de campo en Europa (tanto oriental como occidental), África, Estados Unidos, América Latina y el Caribe. Desde el 2005 se desempeña como director del

Centro de Investigaciones Socioculturales del Instituto de Cultura del Estado Falcón (INCUDEF), donde publicó el libro **La Guinea, barrio afrocaribeño de Coro** y confeccionó con su equipo el **Atlas Etnográfico del Estado Falcón-Venezuela y el Caribe** (con depósito legal nro. LF-70920083382018 e ISBN: 978-980-12-3437-1), del cual es editor y cuyos primeros resultados en forma de Cuadernos de Avances pueden ser leídos, uno impreso sobre las Turas, y los restantes en varios sitios de Internet. Su último libro biográfico, **Alí Primera, Padre cantor del pueblo** (2008) fue publicado en Caracas por Ediciones de la Presidencia, Palacio de Miraflores, del Ministerio del Poder Popular para la Presidencia de la República.